Hindi Translation of
36 STRATEGIES
36 व्यूह रचना
का हिंदी अनुवाद

अनुवादक

डा आलोक कुमार

dralok.in

डा. आलोक कुमार *एक शिक्षक, लेखक और अनुवादक, और प्रशिक्षु राजनीतिज्ञ भी हैं. आगरा में रहते हैं और डा. भीम राव अंबेडकर वि. वि. के एक संस्थान औद्योगिकी एवं प्रौद्योगिकी संस्थान (IET) में गणित के प्रवक्ता हैं.*

हमेशा विश्वास करते हैं की कोई भी कुछ बेहतर कर सकता है यदि वह सोचता है.

एक शिक्षक और लेखक के रुप में गणित और कंप्यूटर से लगाव है. नियमित रुप से आम रुचि के लेख लिखते हैं और पुस्तकों का अनुवाद करते हैं. लेखक और अनुवादक के रुप में जिनकी मातृ भाषा हिंदी है उन्हें विश्व के श्रेष्ठ साहित्य और जानकारियों से अवगत करने का छोटा प्रयास भी करते हैं.

डा. आलोक कुमार,

निहाल निकेतन, अशोक नगर, आगरा

मोबाइल- (91) 9412331314, (91) 8171073892

ई-मेल: dralokumar@gmail.com

फेसबुक- https://www.facebook.com/dralok.in

विषय सूची

अध्याय- 1 <<जीतने वाली व्यूह रचना >>

व्यूह रचना   1 "瞒天过海" - धोखा दे आकाश को समुद्र को पार करने के लिये.

रात और अंधेरे में गतिविधि, एकांत स्थान पर रहन-सहन, या पर्दे के पीछे छिपना, केवल संदेहास्पद ध्यान खींचता है. शत्रु के ध्यान को हटाने के लिए अपने मुख्य उद्देश्य को छिपाते हुए रोजाना की गतिविधियों के बीच खुले में व्यवहार करें.

व्यूह रचना   2 "围魏救赵" - वी को घेरे, जो को बचाने के लिये.

जब शत्रु बहुत मजबूत हो सीधे हमले में, तब उस चीज पर हमला करें जो उसे सबसे प्रिय हो. यह ध्यान रखें वह सभी चीजों में उत्कृष्ट नहीं हो सकता है. कहीं न कहीं उसकी भी कोई कमजोरी होती है, एक कमजोरी जिस पर चोट की जा सकती है. दूसरे शब्दों में आप हमला करें उसके संबंधियों पर या उसके प्रिय जनों पर जो की उसे मनोवैज्ञानिक रूप से कमजोर कर सकें.

व्यूह रचना 3 "借刀杀人" - किसी का इस्तेमाल करें मारने के लिए. (उधार के चाकू से मारें.)

हमला करें दूसरे की ताकत का प्रयोग करके (क्योंकि आपके पास ताकत कम है या अपनी ताकत का उपयोग नहीं करना चाहते हो). उसके सहयोगियों को भ्रमित करें हमले के समय, उसके अधिकारियों को रिश्वत दें, या शत्रु की खुद की ताकत को उसके खिलाफ प्रयोग करें.

व्यूह रचना 4 "以逸待劳" - अपने शत्रु को खुद ही थकने दे जबकि खुद की ऊर्जा बचायें.

यह फायदेमंद रहता है की हम तय करें लड़ाई की जगह और समय को. इस तरह से आप जानते हैं की कब और कैसे लड़ाई होगी, जबकि आपका शत्रु यह नहीं जानता है. बढ़ावा दे की आपका शत्रु अपनी क्षमता को व्यर्थ बर्बाद करें, जबकि आप उसे बचा कर रखें. जब वह थक जाए और भ्रमित हो, आप आशय को जनते हुए ताकत से हमला करें.

> *व्यूह रचना 5 "趁火打劫" - आग लगने की स्थिति में दूसरों को चोट कर फायदा उठाएं. (जलते हुए घर को लुट लें.)*

जब कोई देश अंतरिक विवादों में घिरा हो, जब बीमारी और अभाव उस देश की जनसंख्या को नष्ट कर रहा हो, जब भ्रष्टाचार और अपराध चरम पर हों, तब वह बाहरी खतरों का सामना करने में असमर्थ होता है. यह समय हमला करने का होता है.

> *व्यूह रचना 6 "声东击西" - जब पश्चिम में हमला करने जा रहे हो तो पूर्व में हमले का दिखावा करो.*

युद्ध में अचंभित करना बड़ी बढ़त देता है. तब भी जब शत्रु से सीधा आमना सामना हो, अचंभित करते हुए उस जगह हमला करें जहाँ वह सबसे कम उसकी अपेक्षा करता हो. इसे करने के लिए शत्रु के दिमाग में बनावटी व्यवहार करके चाहना पैदा करें.

अध्याय- 2 <<शत्रु से सामना करने वाली व्यूह रचना >>

व्यूह रचना 7 "无中生有" – किसी चीज का सृजन करें बिना किसी बात के.

इस बनावटी व्यवहार को दो बार करें. पहले और दूसरे बनावटी व्यवहार पर प्रक्रिया देकर शत्रु तीसरी बार बनावटी व्यवहार पर दिग्भ्रमित होगा. तब तीसरा बनावटी व्यवहार शत्रु पर उसे हराने के लिए वास्तविक हमला होगा.

व्यूह रचना 8 "暗渡陈仓" – गुपचुप तरीके से चिंग चांग के रास्ते का प्रयोग करें. (मुख्य मार्ग की मरम्मत कराएं, पिछले रास्ते का प्रयोग करने के लिए.)

शत्रु पर दो तरफ से हमला करें. पहला प्रत्यक्ष हमला हो, जो की स्पष्ट हो और जिसके लिए शत्रु

तैयार हो बचाव करने के लिए. दूसरा अप्रत्यक्ष हो, जिसकी शत्रु बिल्कुल भी आशा नहीं करता हो और जो उसे अपनी फौज को दो हिस्सों में अंतिम समय में विभाजित करने के लिए विवश करे, जो की भ्रम और नुकसान का कारण बने.

व्यूह रचना 9 "隔岸观火" नदी के दूसरे किनारे पर आग लगती देखे.

युद्ध के मैदान में प्रवेश करने के लिए इंतजार करें जब तक की दूसरा पक्ष थका हुआ न हो खुद से लड़ते हुए. फिर पूरी ताकत से जाएं और उसे हराएं.

व्यूह रचना 10 "笑里藏刀" - मुख में राम बगल में छुरी.

शत्रु को खुद से मोहित करें और अनुग्रहित करें. जब आप उसका विश्वास जीत लें, आप उसके खिलाफ गुप्त रूप से तैयार हों.

व्यूह रचना 11 "李代桃僵" - बेर के पेड़ को कुर्बान कर दो आड़ू के पेड़ के लिए.

ऐसी भी परिस्थितियां होती हैं जब आपको अपने छोटे उद्देश्यों को त्यागना होता है बड़े उद्देश्य को प्राप्त करने के लिए. यह बलि का बकरा बनाने की व्यूह रचना है जहाँ कोई और किसी के परिणामों को भुगतता है.

व्यूह रचना   12 "顺手牵羊" – बकरियों को चुराते रहें रास्ते पर चलते हुए. (बकरी चुराने का कोई अवसर न खोएं.)

अपनी योजनाओं को आगे बढ़ाते हुए इतने लचीले बने रहें की उन अवसरों को फायदा उठाते रहें जो खुद से आपके सामने आते हैं, चाहे वह कितने भी छोटे क्यों न हों, और अपने को तैयार रखें हर फायदे को पाने के लिए, चाहे वह कितना भी छोटा क्यों न हो.

अध्याय- 3 <<आक्रमण करने वाली व्यूह रचना >>

व्यूह रचना 13 "打草惊蛇" - साँप को डराएं उसके चारों तरफ की घास को पीट कर.

जब आप विरोधी की योजनाओं को नहीं जान पा रहे हों तो सीधा परंतु संक्षिप्त हमला बोलें और शत्रु की प्रतिक्रिया पर निगरानी करें. उसका व्यवहार उसकी व्यूह रचना का राज खोल देगा.

व्यूह रचना 14 "借尸还魂" - किसी और का शरीर उधार लें आत्म को फिर से जीवित करने के लिए. (किसी के मृत शरीर में जीवन डालें.)

किसी प्रतिष्ठान, तकनीकी, या तरीके का प्रयोग करें जो की भूला जा चुका है या जिसे त्याग दिया गया है और उसे तैयार करें अपने उद्देश्य के लिए. पूर्व के किसी तरीके को उसे नया उद्देश्य दे कर फिर से जिंदा करें या किसी पुराने विचार, परंपरा और रीति रिवाज को पुनर्जीवित करें.

व्यूह रचना   15 "调虎离山" – शेर पर लुभाएं उसके इलाके को छोड़ने के लिए.

कभी भी उस पर सीधे हमला न करें जो अपनी स्थिति से फायदा उठा रहा हो. बल्कि उसे उसकी स्थिति से दूर करें, जिससे की उसकी ताकत कम हो सके.

व्यूह रचना   16 "欲擒姑纵" – पाने के लिये कुछ खोना भी सीखें.

घिरा हुआ शिकार अकसर आखिरी हमला करना चाहता है. इसे रोकने के लिए शत्रु को यह विश्वास होना चाहिए की उसके पास स्वतंत्रता होने का अवसर है. तब उसका लड़ने का इरादा भागने के इरादे में बदल सकता है. जबकि अंत में स्वतंत्रता शत्रु के लिए मिथ्या सिद्ध होगी और वह बिना लड़े हथियार डाल देगा.

व्यूह रचना   17 "抛砖引玉" – दाने डालों चिड़िया को पकड़ने के लिए.

लालच दें फिर अपने शत्रु को जाल में फसाएँ. युद्ध में लालच देना एक अवसर है कुछ अर्जित करने

के लिए. जिंदगी में लालच देना एक अवसर है संपत्ति और ताकत को पान का.

> *व्यूह रचना 18 "擒贼擒王" - शत्रु को हराने के लिये उसके सेना नायक को नियंत्रण में करें.*

यदि शत्रु की फौज मजबूत है परंतु सेनापति से केवल पैसा को लेकर जुड़ी है, सेनापति को लक्ष्य बनाएं. यदि सेनापति हार जाए तो बाकी की फौज खुद से भाग जाएगी या आपकी तरफ आ जाएगी. यदि, वह अपने सेनापति से वफादारी से जुड़ी हुई है, तब वह अपने सेनापति की मौत के बाद भी आपसे लड़ती रहेगी.

अध्याय 4 <<अराजकता पैदा करने वाली व्यूह रचना >>

व्यूह रचना 19 "釜底抽薪" - स्रोतों को नष्ट करें (भोजन पात्र के नीचे की लकड़ियों को हटायें.)

जब आप अपने शत्रु को काफी मजबूत पाएं सीधा हमला करने में, आप सबसे पहले उसे आधार को कमजोर करें और उसके ताकत के स्रोतों को नष्ट करें.

व्यूह रचना 20 "混水摸鱼" - अशांत पानी में मछली को पकड़ना.

शत्रु पर हमला करने से पहले उसे दिग्भ्रमित करें जिससे कि वह अपनी योजनाओं और निर्णय लेने में कमजोर हो जाए. कुछ असामान्य, अनोखा और अनपेक्षित करें जिससे की शत्रु दुविधा में पड़ कर भ्रमित हो जाए. भ्रमित हुआ शत्रु आसानी से खत्म किया जा सकता है.

व्यूह रचना 21 "金蝉脱壳" - सांप की तरह से केंचुली छोड़ दो. (झुठा प्रस्तुतिकरण शत्रु को दिग्भ्रमित करता है.)

जब आपको हारने का खतरा हो, और आपके पास केवल भागने का ही रास्ता बचा हो, तब भ्रम पैदा करें. जब की शत्रु का ध्यान केवल इस चालाकी पर लगा हो, चुपके से अपने आदमियों को वहाँ से हटा दें छोड़ते हुए मुखौटा अपनी उपस्थिति का.

व्यूह रचना 22 "关门捉贼" - चोर को पकड़ने के लिये दरवाजे बन्द करें.

यदि आपके पास अवसर है की आप अपने शत्रु को पूरी तरह से कब्जे में कर सकते हैं युद्ध या लड़ाई को तेजी से परिणाम की तरफ लेकर जाएं. अपने शत्रु को भागने का अवसर देकर आप भविष्य में विवाद के लिए बीज बो रहे हैं. यदि वह भागने में सफल रहा, सावधान रहें उसे खोजने के लिए.

व्यूह रचना 23 "远交近攻" - आप का पड़ोसी आप से जलेगा.

यह सभी जानते हैं की देश जिनकी सीमा आपस में जुड़ी हुई होती है शत्रु बन जाते हैं, जबकि वह देश जो की दूर होते हैं वह बेहतर साझेदार होते है. जब आप अपने क्षेत्र में मजबूत होते हैं, तब आपकी सबसे बड़ी चुनौती उसके होती है जो उसी क्षेत्र में दूसरे स्थान पर है न की उससे जो की दूसरे क्षेत्र में मजबूत है.

व्यूह रचना 24 "假道伐虢" – किसी को जीतने के लिए साथी खोजें.

अपने साथियों के संसाधनों का सहारा लें आम दुश्मन पर हमला करने के लिए. एक बार जब शत्रु हार जाए तो उन संसाधनों का इस्तेमाल करें साथियों के लिए जिन्हें सबसे पहले इसे आपको दिया था.

अध्याय 5 <<आसन्न व्यूह रचना >>

व्यूह रचना 25 "偷梁换柱" – शहतीर को सड़ी लकड़ी से बदल दो.

शत्रु की संरचना को नष्ट कर दो, उस के काम करने के तरीकों में हस्तक्षेप करके, उन नियमों को बदलो जिनके अनुसार वह काम करने के अभ्यस्त हैं, उसके सामान्य मानकों के विपरीत काम करो. इस तरह से तुम उनके समर्थक आधार को हटाने में कामयाब रहोगे, एक आम कड़ी जिससे लोगों का समूह जुड़ कर प्रभावी रुप से लड़ने वाला बन जाता है.

व्यूह रचना 26 "指桑骂槐" – कहीं पर तीर कहीं पर निशाना (शहतूत को निशाना बनाएं, टिड्डे को कुचल दें).

उन को नियंत्रित करना, अनुशासित करना, या चेतावनी देना जिनकी स्थिति या स्तर सीधे टकराव की अनुमति नहीं देता है; तब अनुरूप बनने

और व्यंग का उपयोग करो. उनका सीधे नाम लिए बिना, उन पर जवाबी कार्यवाही तब तक नहीं की जा सकी जब तक उनकी मिलीभगत को उजागर न किया जाए.

> *व्यूह रचना 27 "假痴不癫" - सुआर का व्यवहार करने की कोशिश करें शेर को खाने के लिए (अंजान बनें.)*

मूर्ख, शराबी या पागल का मुखौटा पहन कर अपने उद्देश्यों में भ्रम पैदा करें, जिससे की शत्रु आपकी क्षमता का कम अंके, भ्रम में रहे और सतर्कता को कम कर दे. तब आप हमला कर सकते हैं.

> *व्यूह रचना 28 "上屋抽梯" - सीढ़ी को हटा दें जब शत्रु छत पर चढ़ा हो. (नदी को पार करें और पुल को नष्ट कर दें.)*

शत्रु को लालच देकर या धोखे से दूर्गम्य क्षेत्र में प्रवेश करा दें. फिर उसके संवाद के और भागने के सभी रास्ते खत्म कर दें. अपने को बचाने के लिए तब वह आपसे और प्रकृति से जुझ रहा होगा.

व्यूह रचना   29 "树上开花" – पेड़ को सजाएं नकली फूलों से.

मरे हुए पेड़ पर फूलों को सजाने पर यह भ्रम होता है की पेड़ जिंदा है. छल और स्वांग कर किसी भी चीज को जिसकी कोई कीमत न हो उसे मूल्यवान बनाया जा सकता है; किसी भी धमकी को

खतरनाक; मूल्यहीन को मूल्यवान.

व्यूह रचना   30 "反客为主" – मेजबान और मेहमान एक दूसरे के पड़ाव में प्रवेश करें.

शत्रु के साथ मित्रता का व्यवहार करके,

समर्पण करके या संधि करके, शत्रु के पड़ाव में प्रवेश करें. इस तरह से आप उसकी कमजोरी को जान सकेंगे और फिर जब शत्रु के रक्षक सतर्क न हों, सीधे हमला करें उसके ताकत के स्रोत पर.

अध्याय 6 <<हराने की व्यूह रचना >>

व्यूह रचना 31 "美人计" – सुंदरता से मोहित करें. (एक मोहित कर फसाने की चाल, महिला का इस्तेमाल करें आदमी को फसाने के लिए.)

शत्रु के यहाँ सुंदर महिलाओं को भेजे उसने पड़ाव में हलचल पैदा करने के लिए. यह व्यूह रचना तीन स्तर पर काम कर सकती है. पहले, शासक सुंदरता में इतना मोहित हो जाता है की वह अपने कर्तव्यों को भूल जाता है और अपनी सतर्कता को खत्म कर लेता है. दूसरा पड़ाव में, दूसरे आदमी अपने आक्रामक व्यवहार को प्रदर्शित करने लगते हैं जो की छोटे मोटे मतभेदों को भी बड़ा कर देता हैं सहयोग की भावना को खत्म करते हुए और यह आत्मबल को खत्म करता है. तीसरा, पड़ाव में अन्य महिलाएं, जलन और घृणा से साजिशें रचने लगेंगी जो की स्थिति को भविष्य में और खराब करेगी.

व्यूह रचना 32 "空城计" - खाली किले. (असमंजस पैदा करना, किले को खाली कर दें जिससे की शत्रु सोचें की वह जाला डाला गया है.)

जब शत्रु संख्या में ज्यादा हो और की स्थिति ऐसी की आप इस पल में भाग जाएं, तब सभी तरह का तनाव छोड़कर सामान्य व्यवहार करें. जब तक की शत्रु को वास्तविक स्थित का अंदाजा नहीं होगा यह असामान्य व्यवहार उसे संदेह में डाल देगा. हो सकता है भाग्य से वह हमला करने का विचार त्याग दे.

व्यूह रचना 33 "反间计" - दुश्मन का आदमी ही दुश्मन के पड़ाव में भ्रम पैदा करे. (शत्रु के खुद के जासूस को इस्तेमाल करें गलत सूचनाओं के फैलाने में.)

शत्रु के लड़ने की ताकत को कम करें शत्रु के खुद के जासूस को अपने साथ मिलाकर, जबकि आप गलत सूचना उसे दें जिससे की उसके दोस्त, समर्थक, सलाहकार, परिवारजन, सेनापति, सैनिक और नागरिक उससे दूर होते जाएं. दखल अंतरिक मतभेद का बढ़ाती है, आपके शत्रु की लड़ने की क्षमता को

कम करती है उसे समझौता करने को विवश करती है और आपका उसपर नियंत्रण बढ़ जाता है.

> *व्यूह रचना 34 "苦肉计" - अपने को चोट पहुँचायें शत्रु का विश्वास हासिल करने को.*

इस तरह से चोट पहुँचा कर दो चीज हो सकती हैं. पहले शत्रु सावधान नहीं रहेगा क्योंकि वह अब आपको तात्कालिक खतरा नहीं मानता है. दूसरा आप शत्रु को यह विश्वास दिलाते हैं की यह चोट आप पर उसके और आपके परस्पर दुश्मन ने पहुंचाई है.

> *व्यूह रचना 35 "连环计" - शत्रु के जहाज को बांधने के लिए अनेक जंजीर हों. (किसी एक व्यूह रचना पर विश्वास न करें.)*

यह महत्वपूर्ण है की आपके पास एक से ज्यादा व्यूह रचनाओं के विकल्प हो जिन्हें आप एक के बाद एक अपना सकें. भिन्न योजनाओं पर कार्य करते रहें; यदि कोई एक व्यूह रचना असफल होती है तब आपके पास अनेक अन्य विकल्प हों.

व्यूह रचना 36 "走为上" – अगले दिन को लड़ने के लिये भाग जाएं.

यदि आपको लगे की आपका वर्तमान कृत्य हार की तरफ लेकर जा रहा है तब फिर पीछे हटो और फिर से तैयारी करो. जब आपका पक्ष हार रहा हो तो केवल तीन विकल्प ही बचते हैं: समर्पण करो, समझौता करो या भाग जाओ. समर्पण पूरी तरह से हारना है, समझौता आधी हार है, परंतु भागना हारना नहीं है. जब तक की आप हारते नहीं है, आपके पास अभी भी अवसर है.